BEI GRIN MACHT SICH IHR WISSEN BEZAHLT

- Wir veröffentlichen Ihre Hausarbeit,
  Bachelor- und Masterarbeit

- Ihr eigenes eBook und Buch -
  weltweit in allen wichtigen Shops

- Verdienen Sie an jedem Verkauf

Jetzt bei www.GRIN.com hochladen und kostenlos publizieren

Anne Westphal

Motivationales Klima im (Sport)Unterricht

GRIN Verlag

Bibliografische Information der Deutschen Nationalbibliothek:

Die Deutsche Bibliothek verzeichnet diese Publikation in der Deutschen National-
bibliografie; detaillierte bibliografische Daten sind im Internet über http://dnb.d-
nb.de/ abrufbar.

Dieses Werk sowie alle darin enthaltenen einzelnen Beiträge und Abbildungen
sind urheberrechtlich geschützt. Jede Verwertung, die nicht ausdrücklich vom
Urheberrechtsschutz zugelassen ist, bedarf der vorherigen Zustimmung des Verla-
ges. Das gilt insbesondere für Vervielfältigungen, Bearbeitungen, Übersetzungen,
Mikroverfilmungen, Auswertungen durch Datenbanken und für die Einspeicherung
und Verarbeitung in elektronische Systeme. Alle Rechte, auch die des auszugsweisen
Nachdrucks, der fotomechanischen Wiedergabe (einschließlich Mikrokopie) sowie
der Auswertung durch Datenbanken oder ähnliche Einrichtungen, vorbehalten.

Impressum:

Copyright © 2014 GRIN Verlag GmbH
Druck und Bindung: Books on Demand GmbH, Norderstedt Germany
ISBN: 978-3-656-73474-1

Dieses Buch bei GRIN:

http://www.grin.com/de/e-book/279874/motivationales-klima-im-sport-unterricht

GRIN - Your knowledge has value

Der GRIN Verlag publiziert seit 1998 wissenschaftliche Arbeiten von Studenten, Hochschullehrern und anderen Akademikern als eBook und gedrucktes Buch. Die Verlagswebsite www.grin.com ist die ideale Plattform zur Veröffentlichung von Hausarbeiten, Abschlussarbeiten, wissenschaftlichen Aufsätzen, Dissertationen und Fachbüchern.

Besuchen Sie uns im Internet:

http://www.grin.com/

http://www.facebook.com/grincom

http://www.twitter.com/grin_com

Motivationales Klima im (Sport)Unterricht

Anne Westphal

Deutsche Sporthochschule Köln - 2014

Inhalt

1. Definition/Begriffsbestimmung

Motivation ein „interner Zustand, der Verhalten aktiviert, die Richtung des Verhaltens vorgibt und es aufrechterhält" *(Woolfolk, 2008, S. 451)*.

Extrinsische Motivation

- Von außen
- Motivation hat mit Aufgabe selbst nichts zu tun, sondern mit Konsequenzen
- Verhalten bringt Vorteile oder vermeidet Nachteile

Intrinsische Motivation

- Tätigkeit selbst ist die Belohnung (Spaß)
- Keine Anreize oder Bestrafungen nötig

Lehrer streben die Entwicklung der Lernmotivation an, welche als die Tendenz der SuS, intellektuelle Betätigung als sinnvoll und lohnend zu erleben, beschrieben wird.

Das Konstrukt „motivationales Klima" beschreibt die Wahrnehmung von motivierenden Signalen, welche eine bestimmte Zielorientierung fördern. Motivationales Klima kann als die grundlegende leistungsbezogene Atmosphäre in einem bestimmten sozialen Umfeld beschrieben werden.

2. Grundlegende Motivationstheorien

Self-Determination-Theory (SDT) nach Deci & Ryan

Grundlage der Theorie ist die Annahme von drei psychologischen Grundbedürfnissen des Menschen und der angeborenen Tendenz, diese zu befriedigen, um so persönliche Entwicklung und psychisches Wohlbefinden zu erreichen. Diese drei Grundbedürfnisse leiten Deci & Ryan aus der hierarchischen Ordnung menschlicher Grundbedürfnisse nach Maslow ab. Die drei Grundbedürfnisse sind: Autonomie, Kompetenz und Soziale Eingebundenheit.

Das Streben nach Erfüllung dieser Bedürfnisse ist Voraussetzung für das Zustandekommen der intrinsischen Motivation im Kontext dieser Theorie und für Gesundheit und persönliches Wohlbefinden allgemein.

Entsprechend den psychologischen Grundbedürfnissen sind für das Zustandekommen und die Aufrechterhaltung der intrinsischen Motivation Sozial- und Umweltfaktoren nötig, welche die

Autonomie des Handelnden unterstützen und das Kompetenzerleben stärken. Die Kompetenz sollte als selbstbestimmt wahrgenommen und erlebt werden. Das Handeln soll als selbst verursacht wahrgenommen werden und nicht als extern kontrolliert. Ebenfalls betont die SDT die Wichtigkeit der Zufriedenheit für das Bedürfnis der sozialen Eingebundenheit, welche zur Erhöhung intrinsischer Motivation führt. Intrinsische Ziele können die Motivation und das Wohlbefinden dauerhaft und nachhaltig steigern.

Je höher der Grad der Erfüllung der Bedürfnisse, desto größer ist die Selbstbestimmung. Je höher die Selbstbestimmung, desto eher ist die Motivation intrinsisch.

Konkrete Handlungsanweisungen

In Studien wurde gezeigt, dass Verhaltensanpassungen, wie Drohungen, aufgezwungene Ziele, Fristen oder Direktheit, aber auch Belohnungen sich negativ auf Wohlbefinden, Gesundheit und Integrität auswirken. Dies ist damit zu erklären, dass die Autonomie eingeschränkt und die externe Verhaltenskontrolle erhöht wird. Positives Feedback hingegen gibt die Möglichkeit zur Selbstentfaltung und Anerkennung von Gefühlen und deren Äußerung.

Im pädagogischen Kontext heißt das, dass sich selbstbestimmtes Lernen positiv auf die intrinsische Lernmotivation auswirkt. Dies führt in der Folge zu qualitativ besseren Lernergebnissen. Des Weiteren wurde belegt, dass Bestätigung und das Erreichen von manchen Lebenszielen eine relativ direkte Zufriedenheit der Grundbedürfnisse liefert, welche das Wohlbefinden erhöht, Selbstwertgefühl und die Selbstverwirklichung steigert, der Angst und Depression jedoch entgegen wirkt.

Achievement Goal Theory (AGT) nach Ames/Nicholls

Das Konstrukt „motivationales Klima" wird auf Basis der Achievement Goal Theory (AGT) in die Dimensionen Aufgaben- und Ego-, bzw. Wettkampf-Orientierung unterteilt und hat seine Wurzeln in der Schulforschung.

Geprägt wird die gruppeninterne Ausrichtung des motivationalen Klimas durch maßgebliche Personen, wie beispielsweise Lehrer oder Trainer, aber auch von den jeweiligen Gruppenmitgliedern (peer-induziertes motivationales Klima).

Studien aus den Bereichen Sport und Schule konnten zeigen, dass sich ein durch Trainer/Lehrer geprägtes Aufgaben-orientiertes Klima eher positiv auf die Motivation auswirkt, während ein Performanz/Ego-orientiertes Klima in der Regel negative Folgen für die Motivation hat.

3. Motivations-Faktoren

3.1. Zielorientierung

Man unterscheidet zwischen einer Ego-, Wettkampf- oder Leistungsziel-Orientierung und einer Aufgaben- bzw. Lernziel-Orientierung.

In einer wettkampforientierten Umgebung liegt der Kompetenzfokus bei den anderen Sportlern, es kommt darauf an zu zeigen, dass man etwas besser kann als andere. Man orientiert sich nur an Gewinnen oder Verlieren und Fehler sind eine Katastrophe. Anstrengung ist in dieser Umgebung ein Zeichen von Schwäche, es wird nur so viel Anstrengung gezeigt, wie nötig. Dabei sind die meist Zielsetzungen zu hoch oder zu niedrig angesetzt. Die Motivation zu lernen ist hier extrinsisch. Die Lernstrategien, wie auswendig lernen oder nur die Inhalte des nächsten Tests lernen bringen nur kurzfristige Erfolge.

Ein wettkampforientiertes Klima hängt zusammen mit

- mehr Gedanken über die eigene Leistung
- dem Glauben, dass vor allem Fähigkeiten über Leistungen entscheiden
- der Wahrnehmung der eigenen Leistung im Rahmen von vorgegebenen Normen
- einem höheren Self-Handicapping
- einer geringeren Wahrnehmung von positivem Feedback
- einer geringeren Wahrnehmung des Trainers/Lehrers als Unterstützung
- größerer Angst
- vermehrten Konflikten unter den Sportlern/SuS

In einer aufgabenorientierten Umgebung steht die persönliche (Leistungs-)Entwicklung im Fokus. Leistungsvergleiche mit anderen sind nicht so wichtig, man orientiert sich vor allem an sich selber. Anstrengung ist ein Zeichen von persönlicher Stärke und Fehler sind sie nicht so schlimm, denn man kann aus ihnen lernen. Daher ist die die Zielsetzung meist realistisch angesetzt. Die Lernziel-Orientierung führt eher zu selbstständigem und nachhaltigem Lernen und fördert eine höhere und intrinsische Motivation.

Ein aufgabenorientiertes Klima führt zu

- Spaß, Zufriedenheit
- Dem Glauben, dass Anstrengung wichtig ist für Erfolg
- Wahrgenommener (subjektiver) Kompetenz
- Objektiv besserer Leistung im Wettkampf
- Nützlichen Strategien im Umgang mit Stress
- Einer geringeren Wahrscheinlichkeit von Burnout
- Höheren Kohäsionswerten in allen Bereichen
- Positiven Peer-Beziehungen
- Mehr Fairness, weniger Aggression
- Weniger Self-Handicapping

Ego- und Aufgabenorientierung stehen nebeneinander, d.h. Klima kann sein ausschließlich Ego-orientiert, ausschließlich aufgabenorientiert, sowohl Ego- als auch aufgabenorientiert oder weder Ego- noch aufgabenorientiert (gar nicht leistungsorientiert).

Von Natur aus überwiegt grundsätzlich eine der beiden Zielorientierungen in einer Person. Die Orientierung kann sich jedoch auch ändern. Oftmals kommen SuS mit Lernziel-Orientierung in die Schule, werden aber aufgrund von normativen Vergleichen, extrinsischen Belohnungen, Selektion nach Leistung, und der Schwerpunkt auf Produktion, Geschwindigkeit und Perfektion hin zu Leistungszielen sozialisiert. Aber natürlich kann durch ein aufgabenorientiertes motivationales Klima eine Lernzielorientierung bei den SuS erzeugt werden.

Wichtige Bezugspersonen (Eltern, Trainer, Lehrer, Peers, Medien) haben Einfluss auf die SuS bezüglich ihrer Einstellungen und Zielorientierungen. Zum Beispiel können Lehrer und Eltern versuchen, eine aufgabenorientierte Orientierung zu fördern, doch in den Medien (Olympische Spiele) oder der Peer-Gruppe wird ein Leistungsorientiertes Klima verbreitet.

3.2. Selbstkonzept

Der Selbstwert eines Schülers hängt eng mit dem schulischem Selbstkonzept (Leistungen) zusammen. Diese Selbstwirksamkeit hat erheblichen Einfluss auf das Leistungsverhalten. Kinder, aber auch Erwachsene werden in ihrem gesamten Verhalten von ihrem Selbstkonzept beeinflusst. Ihre Zufriedenheit, Anstrengungsbereitschaft, die Art und Weise, mit Problemen umzugehen oder sich mit neuen Situationen auseinanderzusetzen, ist davon abhängig, wie sie sich selbst wahrnehmen.

Ein positives Selbstkonzept äußert sich z.b. in der Überzeugung, neuartige und schwierige Anforderungen bewältigen zu können, Probleme meistern zu können und die Situation „im Griff" zu haben.

Bei einem niedrigen oder negativen Selbstkonzept hingegen ist die Erfolgserwartung an die eigenen Leistungen niedriger und wer sich selbst nichts zutraut, dem trauen auch andere nichts zu. Häufige Misserfolgserlebnisse können, z.T. unbewusst, ein negatives Selbstkonzept aufbauen. Das Kind wird sich mit der Zeit noch weniger zutrauen, als es tatsächlich kann, wird es dann auch noch von seiner Umgebung (Erwachsene, andere Kinder) so eingeschätzt und bestimmte Leistungen vom ihm gar nicht mehr erwartet werden, fühlt es sich als Versager bestätigt.

Im Sinne eines selbstkonzeptfördernden (Sport)Unterrichtes sollen Erfolge erkennbar gemacht und benannt werden, zum Beispiel durch Lob. Die SuS sollen sich selber kurzfristige und erreichbare Ziele setzen und Strategien zur Erreichung erlernen und anwenden. Sobald die SuS verstanden haben, wie sie ein Ziel erreichen können und Lern-Strategien in den Fokus stellen statt nur das Ergebnis, werden sie Erfolge eher auf die eigene Anstrengung zurückführen und internal attribuieren. Lob kann allerdings auch negative Effekte haben. Wenn die Bewältigung einfacher Aufgaben in einer Weise gelobt wird, die die Anstrengungen des SuS übertrifft, wird dieses nicht ernst genommen.

Ein selbstkonzeptfördernder (Sport)Unterricht fördert also die Selbstwirksamkeit und damit die Motivation und Anstrengungsbereitschaft. Im Unterricht kann dies durch eine Individuelle Bezugsnormorientierung und das Schaffen von Erfolgserlebnissen (erreichbare (smarte) Ziele) umgesetzt werden. Um diese Erfolge und Leistungen sichtbar zu machen, können zum Beispiel Lernjournale oder Portfolios genutzt werden.

3.3. Kausalattribution

Attributions-Theorie nach Weiner

Attributionen sind Meinungen oder Überzeugungen über die Ursachen von psychologischen Ereignissen und Sachverhalten. Sie treten in Situationen auf, in denen ein Handlungsergebnis besonders wichtig, unerwartet oder negativ ist um Gründe für den (Miss)Erfolg zu suchen. Dabei werden vier mögliche Ursachen unterschieden:

1. Fähigkeit
2. Anstrengung
3. Aufgabenschwierigkeit
4. Zufall

Durch langjährige Erfahrungen werden Ursachenzuschreibungen ausgebildet. Es gibt zwei Extrempole; einen optimistischen und einen pessimistischen Attributionsstil. Eine Person, die über einen optimistischen Attributionsstil verfügt, schreibt Misserfolg external-variablen Ursachen zu, wie zum Beispiel Zufall oder Pech. Die Selbstbewertung wird nach solchen Ereignissen kaum verändert. Eine Person, die über einen pessimistischen Attributionsstil verfügt, schreibt Misserfolg internal-stabilen Ursachen zu, wie die eigene Unfähigkeit, dass heißt die Selbstbewertung nach Misserfolgen ist negativ. Ein optimistischer Attributionsstil wirkt sich positiv, ein pessimistischer negativ auf das Selbstkonzept der SuS aus.

3.4. Gruppenkohäsion

In der Klasse als Gruppe finden Gruppenprozesse statt. Im Rahmen des Sportunterrichts erhalten Klassen durch intensive soziale Kontakte wie auch durch relativ informelle soziale Situationen die Gelegenheit, zusammenzuwachsen und eine Gruppenidentität auszubilden. Soziale Beziehungen mit anderen Menschen haben eine motivierende Wirkung, das heißt, Motivation kann stark durch Menschen beeinflusst werden, mit denen wir ein gemeinsames Ziel anstreben. Bei Aufgaben zum komplexen Lernen und Problemlösefähigkeit führt Kooperation zu besseren Leistungen als Wettbewerb, besonders bei SuS mit geringeren Fähigkeiten. Für die meisten sind Peers der Grund für (mangelnde) Motivation und (mangelnde) Arbeitsbereitschaft in der Schule.

Gruppenkohäsion im Sport ist ein signifikanter Prädikator und wirkt sich auf aus:

- Die positive Einstellung gegenüber dem Sportprogramm
- Kontrollüberzeugungen bezüglich des Durchhaltens im Sportprogramm
- Die Anwesenheit in der Sportgruppe im Längsschnitt

Eine hohe Gruppenkohäsion ist häufig positiv assoziiert mit Wohlbefinden und Leistungssteigerung. Aber Gruppenkohäsion ist per se ein neutraler Faktor und kann auch negatives Verhalten aufgrund herrschender Normen verstärken.

Das Phänomen von Gruppen(Kohäsion) wird im TARGET-Modell in dem Punkt „Grouping" aufgefasst und spielt auch in der SDT eines der drei Grundbedürfnisse des Menschen dar. Soziale Beziehungen und eine positive Gruppenkohäsion sind demnach anzustreben, wenn man ein motivationales Klima erreichen will.

4. Strategien zur Motivationssteigerung

Hindernisse, auf die Lehrer in der Schule stoßen nach J. Brophy

1. Die Schulpflicht und der staatlicher Lehrplan bilden den Rahmen für alles Lernen, wie es von der Gesellschaft festgelegt wird. Lernen erfolgt also nicht nach den Vorstellungen der Lerner

2. Die Klassengröße; der Lehrer kann nicht auf die individuellen Bedürfnisse der SuS eingehen → manche SuS langweilen sich, sind desorientiert und/oder frustriert

3. Klassen sind soziale Aktionsräume, in denen das meiste Geschehen sichtbar wird, das heißt, Misserfolge sind nicht nur persönlich enttäuschend, sondern bringen die SuS in Verlegenheit, weil alle davon erfahren.

4. Notengebung und Zeugnisse, welche die Eltern unterschreiben müssen

5. Routine des Schulalltags: die Schule reduziert sich auf das Abdecken der Inhalte des Lehrplans (für Lehrer) und Erledigen der Aufgaben (für SuS)

Diese Hindernisse können durch folgende Handlungsstrategien abgebaut werden.

4.1. TARGET-Modell nach Ames

Was können Lehrer tun, um die Lernmotivation anzuregen, zu erhöhen und aufrecht zu erhalten? Carol Ames hat sechs Bereiche identifiziert, in denen die Lernmotivation der SuS beeinflusst werden kann: die Art der Aufgabe (**T**ask) die SuS erledigen sollen, die Selbstständigkeit (**A**utonomy), mit der sie dies tun können, wie SuS für ihre Leistung Anerkennung (**R**ecognition) erfahren, wie Arbeitsgruppen (**G**rouping) zusammengestellt werden, Bewertungsverfahren (**E**valuation) und der Zeitplan des Unterrichtsablaufs (**T**ime).

Schulaufgaben können die Lernmotivation der SuS fördern, wenn der Wert dieser erkennbar ist. Die Überzeugungen der SuS über den Wert einer Aufgabe sagt die Auswahl der Aufgabe voraus, wie etwa die Entscheidung für einen naturwissenschaftlichen Kurs oder den Eintritt in ein Sportteam. Selbstwirksamkeitserwartungen sagen die Leistung bei der Erledigung von Aufgaben voraus, wie sie tatsächlich in den Kurs abschneiden. Der Wert einer Aufgabe setzt sich aus vier Komponenten zusammen: der Wichtigkeit, dem Interesse, der Nützlichkeit und den Kosten. Die Wichtigkeit der Aufgabenerledigung entspricht der persönlichen Bedeutsamkeit, die eng verknüpft mit den persönlichen Bedürfnissen (z.b. beliebt oder sportlich zu sein) ist. Das Interesse oder der intrinsische Wert bezeichnet das Vergnügen, welches SuS aus der Tätigkeit beziehen. Aufgaben können unterschiedliche Nützlichkeitswerte annehmen, zum Beispiel den eines Schulabschlusses. Aber Aufgaben verursachen auch Kosten, also negative Folgen wie die zu investierende Zeit. Persönliche und Umgebungseinflüsse auf die Motivation stehen in ständiger Wechselwirkung zueinander. Die Aufgaben für die SuS kommen aus der Umgebung, der Wert einer solchen Aufgabe jedoch ist ein inneres Produkt aus seinen Bedürfnissen, Überzeugungen und Zielen. Damit die SuS den Aufgaben einen möglichst hohen Wert beimessen, ist es sinnvoll alltagsnahe Aufgaben zu stellen, also Aufgaben, die auch im Alltagsleben der SuS vorkommen können. So sehen die SuS deren nutzen und finden die Aufgaben sinnvoll und interessant. Problembasiertes Lernen ist ein Beispiel für den Einsatz von alltagsnahen Aufgaben im Unterricht. Zum Einstieg wird eine alltagsnahe Aufgabe gewählt, deren Lösungen aber nicht festgelegt sind. Es geht darum, Aufgaben zu entwickeln, die auf dem sozialen Hintergrund und den persönlichen Erfahrungen der SuS aufbaut und deren Zielsetzungen und die Selbstregulation fördern sollen. Dabei sollte vermieden werden, Belohnungen (Noten) für die Teilnahme oder Leistung auszusprechen.

„Achtung Hochwasser! Wie können wir uns gemeinsam mit Hilfe der leeren Getränkekästen auf die andere Seite retten?" Dies könnte eine Aufgabenstellung einer Unterrichtsstunde sein mit der Absicht, strategisches Handeln in der Gruppe zu fördern. Das übergeordnete Lernziel hieße, dass die Schüler in Gruppen Strategien entwickeln und erproben sollen, um sich gemeinsam sicher und ökonomisch auf leeren Getränkekästen fortzubewegen.

Die zweite Komponente des TARGET-Modells bezieht sich auf die Selbstständigkeit, Autonomie oder Entscheidungsfreiheit, die den SuS eingeräumt wird. Entscheidungsfreiheit in der Schule ist jedoch nicht die Norm. Aber Selbstbestimmung und Erleben eigener Kontrolle über Ursache oder Folgen von Handlungen sind wichtig für die Aufrechterhaltung der intrinsischen Motivation. Dabei ist es wichtig, das richtige Maß an Freiheit zu finden.

Zuviel Freiheit kann verwirrend, zu wenig langweilig sein. Eine eingeschränkte Wahlfreiheit ist also anzustreben. Ein Beispiel für die Umsetzung ist das Prinzip „Check it out" („bzw. Entscheide und kreuze an"). Der Lehrer listet die in der Unterrichtseinheit zu lernenden Fertigkeiten auf und die SuS können entscheiden, welche Fertigkeit er wann bewerten haben möchte. Im Laufe der Einheit muss jede Fertigkeit einmal angekreuzt sein. Auch können die SuS selbst aussuchen, wie sie ihre Rückmeldung erhalten wollen, vom Lehrer oder von den Mit-SuS.

Die dritte TARGET-Komponente ist die Anerkennung von Leistungen. SuS sollen für die persönliche Bestleistung Anerkennung finden, für den Versuch, schwierige Aufgaben zu lösen, für Ausdauer und für Kreativität, nicht nur für Leistungen, die besser sind als die der anderen. Es sollten möglichst keine Belohnungen ausgesetzt werden für Aktivitäten, die den SuS bereits Freude bereiten, denn das kann die intrinsische Motivation untergraben und ein wettkampforientiertes Klima fördern. Beim Loben sollten die paradoxen Effekte bedacht werden. Das Interesse an den Aufgaben, die Attribution auf Anstrengung und Engagement bei der Aufgabenerledigung waren in Versuchen höher nach persönlichen, auf das Kind zugeschnittene Kommentare. Eine Ego-orientierte Motivation war nach standardisiertem Lob oder Noten größer.

Die Motivation wird stark durch die Menschen, mit denen man gemeinsam ein Ziel anstrebt beeinflusst. Man unterscheidet drei solcher Zielstrukturen: die kooperative, die kompetitive und die individuelle. Aufgaben, welche komplexes Lernens und Problemlösefertigkeiten beinhalten, werden am besten in Kooperation gelöst. Die SuS lernen, erreichbare Ziele zu setzen und zu verhandeln. Die Interaktion mit Mit-SuS bereitet den Kindern Freude und wird zugleich Teil des Lernprozesses. Das Bedürfnis nach Zugehörigkeit wird dadurch befriedigt und die Motivation gesteigert.

Auch die Bewertung spielt in Bezug auf Lernen und Motivation eine wichtige Rolle. Je mehr Wert auf Bewertung im Wettbewerbsverfahren und Benotung gelegt wird, desto mehr werden sich SuS nur um ihr Auftreten in Leistungssituationen Gedanken machen und weniger um ihr wirkliches Können. Naheliegend ist es also, Noten nicht in den Vordergrund zu stellen sondern den Wert der Arbeit und des Lernens. Eine Möglichkeit, das Lernen mehr als die Benotung in den Vordergrund zu stellen besteht in der Selbstbewertung. Diese Möglichkeit unterstützt zugleich auch die Selbstständigkeit. Die Selbstbewertung und die Zielplanung beispielsweise in Form von Fragebögen gibt den SuS die Möglichkeit, ihre eigenen

Leistungen mit ihren Zielen zu vergleichen und neue Ziele für die Zukunft zu erstellen. Auch Lerntagebücher oder Portfolios können zu diesem Zweck eingesetzt werden.

Ein Problem in den meisten Schulen ist die Zeitplanung bzw. der vorgegebene Zeitrahmen. Die Lehrer müssen sich nach dem durchschnittlichen Lerntempo der Klasse richten. So wird das natürliche Lerntempo von einzelnen SuS gestört und damit deren Motivation und Engagement. Ausdauer und Selbstwirksamkeit wird meist nur dann entwickelt, wenn die SuS bei Aufgaben bleiben können, die ihr Interesse geweckt haben. Ansätze in Grundschulen arbeiten nach dem LALUL-Prinzip („Lass alles liegen und lies") oder auch Blockunterricht in Real- und höheren Schulen sind eine Möglichkeit, eine längere zusammenhängende Unterrichtszeit für ein Thema nutzen zu können. Soweit es möglich ist, sollte der Unterricht geöffnet werden, sodass die SuS ihren Interessen und Aufgaben in ihrem eigenen Tempo erledigen und nachgehen können.

Neben diesen Faktoren spielt auch die Lernumgebung eine zentrale Rolle („der Raum als dritter Pädagoge"). Es wurde belegt, dass ungemütlichen Klassenräume, eine negative Klassenatmosphäre sowie wenig durchdachte Aufgaben eine niedrige Durchschnittsmotivation zur Folge haben. Klassen mit durchschnittlich mittlerer Motivation hatten für die SuS günstigere räumliche Gegebenheiten mit Leseecken, Gruppenecken Postern und Kunstwerken von SuS und wiesen eine positive Klassenatmosphäre auf.

Es bleibt also festzuhalten, dass die Lernmotivation mit der gestellten Aufgabe entsteht und von weiteren Kontextbedingungen wie Gruppenstruktur, Bewertungsverfahren und dem eingeräumten Zeitrahmen, aber auch von den äußeren Rahmenbedingungen abhängt.

4.2. Spielzentrierter Sportunterricht/Spielgemäßes Konzept

Um die Rahmenbedingungen zu verstehen, die zur Motivation der SuS zum Erlernen von Mannschaftssportspielen beitragen wurden haben Sproule & Morgan (2009) in einer Interventionsstudie das motivationale Klima in Abhängigkeit vom gezeigten Lehrerverhalten erfasst. Ein spielzentrierter wurde einem fertigkeitsorientierten Ansatz im Basketball gegenübergestellt.

Die Ergebnisse lassen vermuten, dass spielorientierte Unterrichtsstrategien ein könnensorientiertes, motivationales Klima fördern und deshalb ein Potenzial zur Steigerung der Schülermotivation im Sportunterricht und im Unterricht der Mannschaftsspielsportarten besitzen.

4.3. Selbstkonzeptfördernder (Sport)Unterricht

Das Selbstkonzept ist einen entscheidende Grundvoraussetzung/Basis für die Motivation. In Form von SK-förderndem Unterricht ist motivationales Klima auch im deutschsprachigen Raum thematisiert worden.

Ein selbstkonzeptfördernder (Sport)Unterricht beschreibt die spezifische Ausgestaltung von Fördermaßnahmen seitens des Lehrers um eine positive Beeinflussung von Aspekten des Selbstkonzeptes zu erzielen. Dabei sollten die Unterrichtsmaßnahmen auf die zu erreichende Selbstkonzeptförderung abgestimmt sein.

Drei methodisch-didaktische Prinzipien können zur Umsetzung herangezogen werden:

1. Prinzip der Kompetenzerfahrung
2. Prinzip der reflexiven Sportvermittlung
3. Prinzip der individuellen Lernbegleitung

Das Prinzip der Kompetenzerfahrung lässt sich durch die Bereitstellung verschieden schwieriger Aufgaben umsetzen, sodass die SuS die Wahl und die Entscheidungsfreiheit haben, welche Aufgabe sie erfolgreich erledigen können. Dies befriedigt zum einen das Bedürfnis nach Autonomie und zum anderen werden Erfolgserlebnisse geschaffen, welche das Bedürfnis nach Kompetenz befriedigen.

Die reflexive Sportvermittlung soll den SuS die Möglichkeit geben, über ihre Bewegungserfahrung nachzudenken um auf dieser Grundlage die Qualität der eigenen Leistungen einschätzen und verbessern und realistische Ziele für die Zukunft aufstellen zu können. Umgesetzt werden kann dies auch durch die Verwendung von Lernjournalen oder Lerntagebüchern, in denen die eigene Leistungsentwicklung und deren Bewertung sichtbar gemacht werden.

Die individuelle Lernbegleitung äußert sich in der Bezugsnormorientierung. Aufgrund der Heterogenität in Schulklassen ist es sinnvoll, verschiedene Bezugsnormen anzuwenden. Ein häufiges Anwenden der individuellen Bezugsnorm kann die Motivation der SuS steigern und hat einen positiven Einfluss auf das Fähigkeits-Selbstkonzept.

Punkte, die in einem selbstkonzeptfördernden Unterricht beachtet werden sollten sind:

– Reflektieren und beobachten lassen
– Feedback geben

13

- Ein angstfreies Lernklima schaffen
- Individuelle Bezugsnorm anwenden
- Teilziele formulieren.

4.4. 10 Merkmale guten Unterrichts

Die 10 Merkmale guten Unterrichts nach H. Meyer beschreiben Merkmale, die den bisher vorgestellten Zielen eines motivationalen Klimas im Unterricht entsprechen.

1. **Klare Strukturierung des Unterrichts** (durch erkennbare Struktur; roter Faden; sinnvolle Unterrichtsschritte; Zielklarheit; klare Aufgabenstellung; konsequentes Handeln; Rollenklarheit; Absprache von Regeln, Ritualen und Freiräumen)
2. **Hoher Anteil echter Lernzeit** (durch gutes Zeitmanagement; Pünktlichkeit; gute Vorbereitung; Entlastung durch Routinen; Auslagerung von Zeitdieben; Rhythmisierung des Unterrichtsablaufs; Konzentrationsübungen)
3. **Lernförderliches Klima** (durch gegenseitigen Respekt, verlässlich eingehaltene Regeln, Verantwortungsübernahme, Gerechtigkeit und Fürsorge; Stärkung des Könnensbewusstseins)
4. **Inhaltliche Klarheit** (durch Verständlichkeit der Aufgabenstellung, Programmübersicht und advance organizer; plausibles Vorgehen; Vernetzung mit dem Vorwissen; kumulatives Lernen; passendes Anspruchsniveau; Klarheit und Verbindlichkeit der Ergebnissicherung; Metareflexion)
5. **Sinnstiftendes Kommunizieren** (durch Planungsbeteiligung, Gesprächskultur, Sinnkonferenzen, Lerntagebücher und Schülerfeedback)
6. **Methodenvielfalt** (durch Vielfalt der Sozialformen und Methoden; Lernaufgaben)
7. **Individuelles Fördern** (durch Freiräume, Geduld und Zeit; durch innere Differenzierung; durch Lerndiagnostik und abgestimmte Förderpläne; besondere Förderung von Begabungen und Interessen)
8. **Intelligentes Üben** (durch passgenaue Übungsaufträge, gezielte Hilfestellungen und „übe freundliche" Rahmenbedingungen; durch Übungserfolge; durch angemessene Verteilung und Abwechslung; durch Kontrolle und Bestätigung; Bewusstmachen von Lernstrategien)
9. ***Transparente Leistungserwartungen*** (durch ein an den Richtlinien oder Bildungsstandards orientiertes, dem Leistungsvermögen der Schülerinnen und Schüler entsprechendes Lernangebot und zügige förderorientierte Rückmeldungen zum Lernfortschritt)

10. **Vorbereitete Umgebung** (durch gute Ordnung, funktionale Einrichtung und brauchbares Lernwerkzeug)

4.5. Ganztags-Schulen

Die Studie zur Entwicklung von Ganztagsschulen (StEG, Phase 1: 2005-2011) weist erstmalig einen positiven Effekt der Teilnahme an außerunterrichtlichen Angeboten (in Ganztagsschulen) auf die Entwicklung von Leistung und Motivation der Schülerinnen und Schüler nach. Man spricht von einer „Resilienzwirkung" der Ganztagsangebote. Generell nimmt die Lernzielorientierung mit zunehmendem Alter der SuS ab, in Ganztags-Schulen jedoch weniger stark. Es konnte empirisch belegt werden, dass sich die generelle Teilnahme am Ganztagsbetrieb positiv auf die Veränderung der Noten und der Lernzielorientierung auswirkt.

Die zunehmende Verbreitung von Ganztagsschulen in Deutschland ist ein erster Schritt in Richtung Öffnung der Schulen und des Unterrichts. Weitere Schritte, wie zum Beispiel die Auflösung der 45-Minuten-Blöcke oder der Einzel-Fächer, könnten von den Reformschulen übernommen werden. Lehrer sollten versuchen, den Unterricht soweit zu öffnen, dass Raum und Zeit für individuelle Förderung und Verstehen geschaffen wird. Unterricht sollte vom SuS aus und vom individuellen Verstehen her geplant werden.

4.6. Reformschulen

Schulen, die reformpädagogischen Ansätzen verpflichtet sind (z.B. Montessori-Schulen, Waldorf-Schulen), verfolgen von ihrem Selbstverständnis und von ihren Konzeptionen her einen Ansatz, der u.a. durch eine starke Betonung von Individualisierung und Selbstregulation des Lernens gekennzeichnet ist. Leistung soll nicht ergebnisorientiert, sondern prozessorientiert erfasst werden. Die Lehrkräfte in diesen Schulen beobachten die Schüler(innen) bei ihrer Auseinandersetzung mit dem Material, bei ihren Lernprozessen und dokumentieren diesen in einem Lernfortschrittsbericht, der das Zeugnis mit Ziffernnoten der Regelschule ersetzt. Die Schüler(innen) sind angehalten, ihren eigenen Lernprozess kritisch zu reflektieren. Dies lässt vermuten, dass sich das motivationale Klima und die individuelle Motivation von Schüler(innen) in Regel- und Reformschulen unterscheiden. Auf der Basis der

Zielorientierungstheorie kann erwartet werden, dass sich Reformschulen gegenüber Regelschulen durch eine stärker prononcierte Lernzielstruktur und eine deutlich schwächere Performanz-Zielstruktur charakterisieren lassen.

Beispiel: Jenaplan-Schule

Die Jenaplan-Pädagogik versteht Schule als Lebensraum und hat mit diesem Konzept den deutschen Schulpreis gewonnen. Kerngedanken sind selbsttätiges Arbeiten, gemeinschaftliches Zusammenarbeiten und -leben und Mitverantwortung der Schüler- und Elternschaft.

Formen:

– Arbeit: Kernunterricht (fächerübergreifend), Freie Arbeit (freie Wahl des Fachs), Kursunterricht (Fächerunterricht)
– Feier: Morgen-, Wochenschluss-, Geburtstagsfeier, Aufnahmefeier für Schulanfänger u. a.
– Gespräch: Kreisgespräch, Berichtskreis, Vortrag, Aussprache u. a.
– Spiel: fördert Entwicklung jüngerer Kinder, lehrt Regeln für soziales Verhalten, fördert die Aufmerksamkeit (freies Spiel, Lern-, Pausen, Turn-, Schauspiele)

Umgestaltung des Schulalltags:

– jahrgangsübergreifende Lerngruppen (*Stammgruppen*) statt Jahrgangsklassen,
– Wochenarbeitsplan (vgl. Wochenplanunterricht) statt des üblichen 45-Minuten-Rasters (Petersen: „Fetzenstundenplan"),
– im Mittelpunkt ein täglicher Gruppenunterricht von 100 Minuten Dauer,
– selbstständiges Denken und Handeln unter gegenseitiger Hilfe,
– überfachliches Arbeiten in Projekten (vernetzter Unterricht)
– zur Sicherung des Mindestwissens straff und lehrgangsmäßig geführte Kurse,
– statt Zensuren ein Arbeits- und Leistungsbericht mit drei Bewertungsmaßstäben, wobei Selbstkontrolle am Werk und auch Kameradenbeurteilung angestrebt werden,
– regelmäßige Monatsfeiern (Schüler-, Lehrer-, Elternfeiern),
– von den Kindern mitgestalteter Schulraum (Schulwohnstube).

5. Zusammenfassung

Ein aufgabenorientiertes Klima fördert eine höhere und intrinsische Motivation; führt eher zu selbstständigem und nachhaltigem Lernen, bringt Spaß und Kompetenzerleben mit sich. während ein leistungsorientiertes Klima die extrinsische Motivation fördert.

Lernmotivation entsteht mit der gestellten Aufgabe und hängt von weiteren Kontextbedingungen wie Gruppenstruktur, Bewertungsverfahren dem eingeräumten Zeitrahmen und der Lernumgebung bzw. dem Organisationsrahmen ab.

Das Idealziel ist ein schülerzentrierter Unterricht, in dem Raum und Zeit für die individuelle Förderung der SuS ist. Der Unterricht sollte vom SuS aus geplant werden. Die Funktion des Lehrers wird in diesem Zusammenhang als Manager, Organisator, (Lern)Begleiter, Berater und Initiator verstanden.

Die Basis ist ernsthaftes gegenseitiges Interesse zwischen SuS und LuL und eine gegenseitige Wertschätzung. Schule sollte sich von der Lernfabrik zum Lernort entwickeln, in dem Heterogenität als Chance gesehen wird.

6. Literatur

Ames, C. (1990): Motivation: What teachers need to know. *Teachers College Record, 91*, 409-421.

Duda, J.L. & Balaguer, I. (2007): Coach-created motivational climate. In S. Jowett & D. Lavallee (Eds.) *Social Psychology in Sport* (6th ed., pp. 117-130). Champaign, IL: Human Kinetics.

Gray, S., Sproule, J. & K. Morgan (2009): Teaching team invasion games and motivational climate. European Physical Education Review 2009 15: 65

Ntoumanis, N. & S. J. H. Biddle (1999): A review of motivational climate in physical activity. Journal of Sports Sciences, 1999, 17

Ohlert, J. & Leineweber, H. (2011): Wirken Gruppenprozesse als stressmindernde oder stressfördernde Faktoren in Sportinternaten. In H. Lange, G. Duttler, T. Leffler, A. Siebe & M. Zimlich (Hrsg.). *Bewegungsbezogene Bildungskonzeptionen: Zur Trias Konzeption, Implementation und Evaluation* (S. 187-200). Hohengehren: Schneider.

Woolfolk, A. (2008): *Pädagogische Psychologie (10. Aufl., Kap.10.6)*. München: Pearson Studium.

7. Klausurfragen

1. Erläutern Sie das Lehrer-induzierte motivationale Klima auf Grundlage der AGT. Geben Sie Beispiele für den Unterricht zu den einzelnen theoretischen Konstrukten.

2. Stellen Sie den aktuellen Forschungsstand dar. Gehen Sie dabei auch auf Forschungslücken ein.

3. Beschreiben Sie das TARGET-Modell mit Beispielen für die einzelnen Bereiche.